Je découvre

Les reptiles

en dessinant et en coloriant

Les reptiles regroupent les animaux dont la peau est recouverte d'écailles ou d'une carapace. Leur apparence varie beaucoup selon les espèces. Ils sont souvent mal aimés alors que beaucoup sont sans danger pour l'homme. Après les avoir observés, les enfants pourront les connaître d'autant mieux qu'ils pourront s'exercer à les dessiner.

Textes d'Anne Baudier
Illustrations de Rebecca Romeo

mila éditions

L'alligator

Sa tête et son museau sont plus larges que ceux des crocodiles. Les alligators vivent dans l'eau douce des fleuves et des marais. Ils se nourrissent d'animaux.

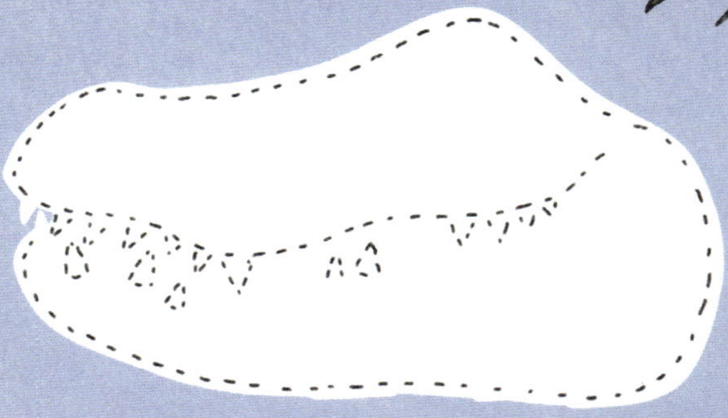

Le caïman à lunettes

Bien sûr, il ne porte pas de lunettes ! Il doit son nom à la crête osseuse entre ses yeux qui font penser à une paire de lunettes. Il vit dans les eaux douces tropicales.

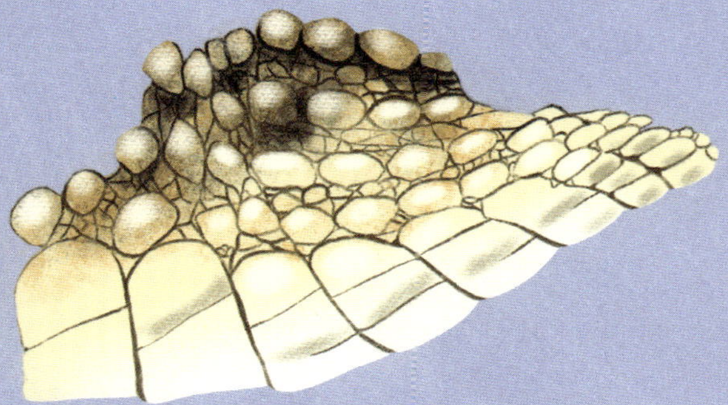

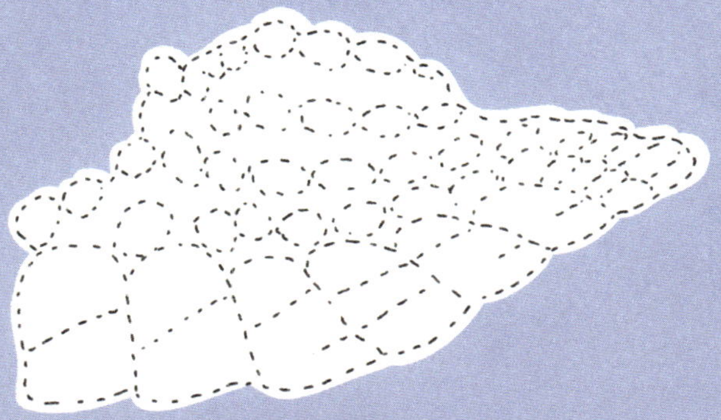

Le crocodile

Il vit dans les eaux douces des pays chauds. Pour se nourrir, il avale ses proies en entier et il peut rester ensuite très longtemps sans manger.

Le gavial (du Gange)

Ce crocodile possède une mâchoire très étroite qui lui sert à capturer les poissons dont il se nourrit. Il ne s'attaque pas à l'homme malgré sa grande taille et ses dents impressionnantes.

Le caméléon

Il est réputé pour sa capacité à changer de couleur en fonction de l'endroit où il se trouve pour mieux se cacher. Pour se nourrir, il attrape des insectes avec sa longue langue collante.

Le varan

On l'appelle aussi dragon de Komodo, du nom de l'île indonésienne où il vit. Ce gros lézard est capable d'avaler des proies entières comme une chèvre.

L'iguane

Il adore se prélasser dans les branches des arbres où il se chauffe grâce au soleil. Sa nourriture est composée de feuilles, de plantes et de fruits.

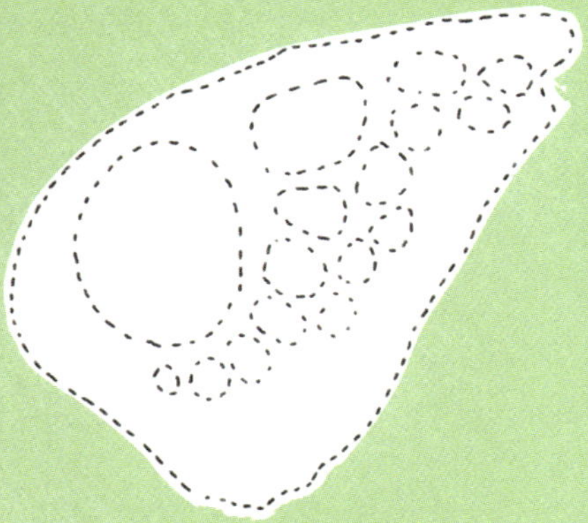

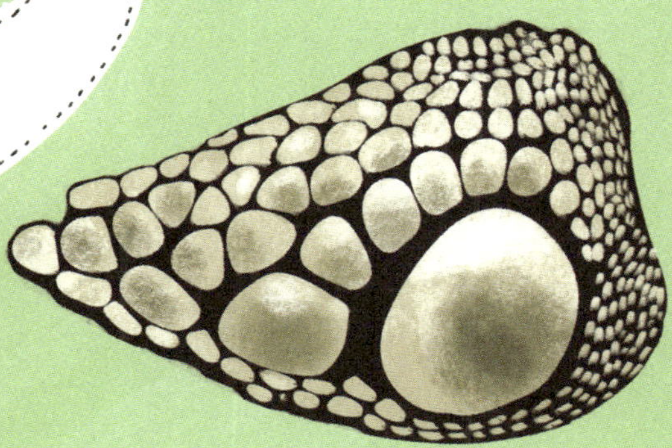

Le basilic vert

Il est connu pour sa capacité à courir très rapidement sur l'eau en s'appuyant uniquement sur ses pattes arrière. Il vit dans les arbres près de l'eau dans les forêts tropicales.

Le gecko

Ce curieux lézard vit dans les arbres et il est actif la nuit. Il peut grimper partout grâce à ses pattes munies de lamelles adhésives et de petites griffes.

Le lézard des murailles

Il est facile à voir car il aime les murs et les pierres où il peut se chauffer au soleil. On ne le voit pas l'hiver parce qu'il hiberne en attendant le retour de la chaleur.

Le monstre de Gila

Il est un des rares lézards venimeux. Ses œufs pondus par les femelles en été naissent au printemps suivant. Il se nourrit de petits animaux et d'œufs.

La cistude

Cette petite tortue d'eau douce se nourrit de plantes mais aussi de poissons morts. Elle pond des œufs qu'elle enterre dans la boue où ils resteront trois mois avant d'éclore.

La tortue d'Hermann

Cette tortue se nourrit de plantes. Elle a besoin de soleil pour se réchauffer. C'est pourquoi on ne la trouve que dans l'extrême sud de la France. Elle hiberne en hiver.

La tortue luth

C’est la plus grande des tortues. Elle vit dans la mer et se nourrit essentiellement de méduses. Elle ne vient sur terre que pour déposer ses œufs dans le sable des plages.

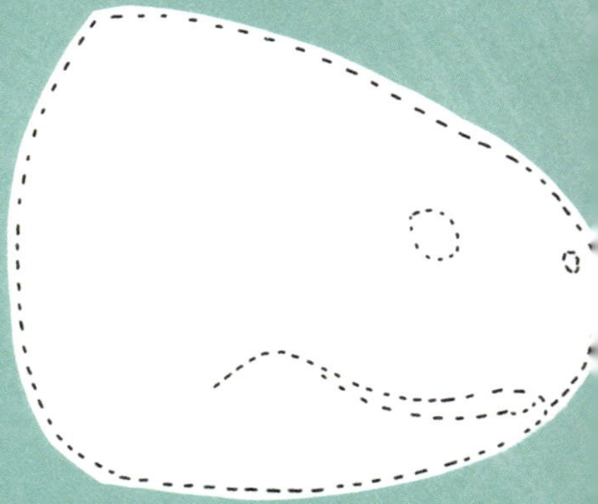

La tortue verte

Cette grande tortue vit dans les mers
et les océans dont la température est douce.
Elle se nourrit d'herbes et d'algues.
Elle peut vivre une centaine d'années.

L'anaconda

Ce grand serpent qui vit dans les
eaux tropicales n'a pas de venin.
Il attrape ses proies avec ses dents
puis il les entraîne sous l'eau
en les enserrant très fort.

Le boa constricteur

D'une longueur d'environ 3 mètres, ce gros serpent américain se nourrit de proies qu'il étouffe en s'enroulant autour d'elles.

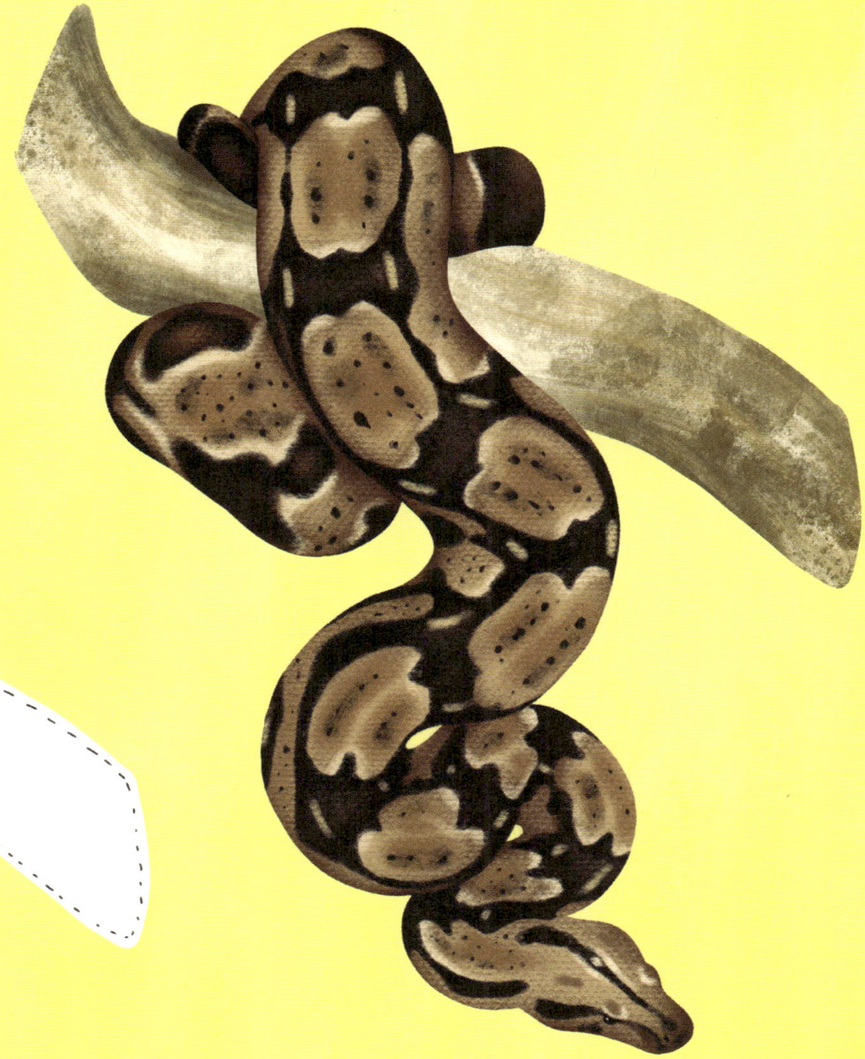

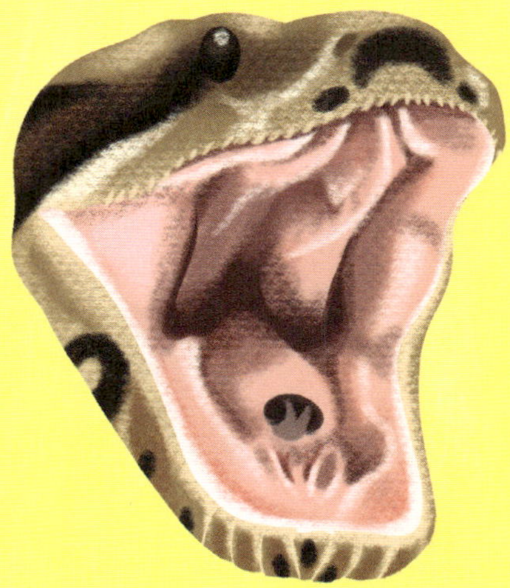

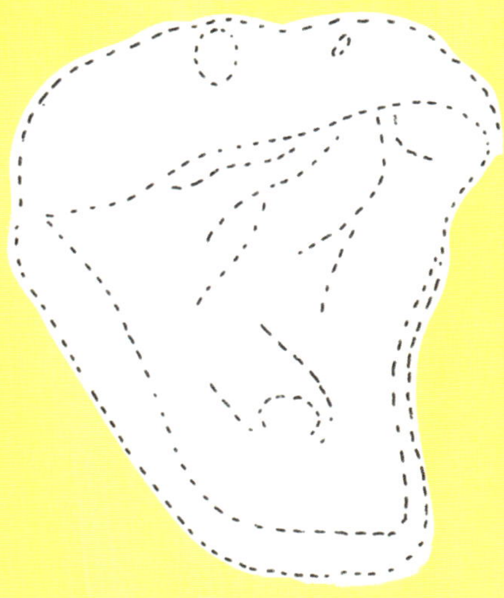

Le cobra royal

Pour attaquer, il dresse le haut de son très long corps, siffle fort, puis mord sa proie en lui injectant son venin. Il se nourrit d'autres serpents.

Le naja (cobra à lunettes)

Ce serpent indien doit son nom au motif qui apparaît sur la coiffe qu'il déploie pour menacer. Il se nourrit surtout de souris et de rats qu'il avale en une seule bouchée.

Le python

Plutôt nocturne, ce serpent africain se nourrit de petits animaux (souris, rats, oiseaux) qu'il enserre pour les étouffer. Il peut rester plusieurs semaines sans manger.

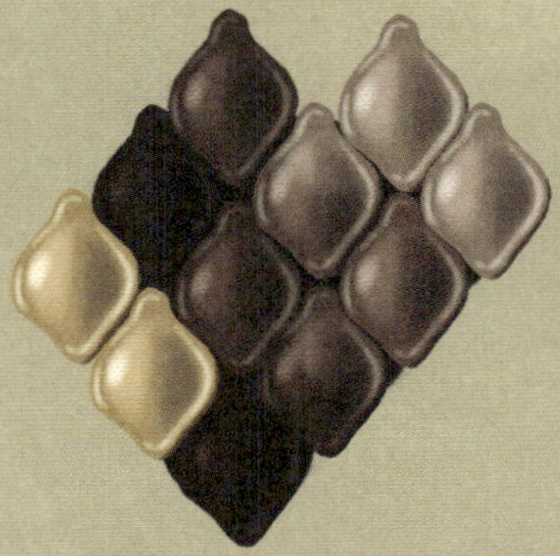

Le serpent tigre

Il vit en Australie et il est très venimeux. Avant d'attaquer, il se dresse et siffle. C'est une espèce protégée en voie de disparition.

Le crotale

Il porte aussi le nom de serpent à sonnette à cause d'un organe situé à l'extrémité de sa queue qui fait du bruit quand il l'agite. Le crotale est très venimeux.

Le mamba vert

Ce grand serpent africain est très venimeux. Il passe la plus grande partie du temps dans les arbres à guetter ses proies, principalement des oiseaux.

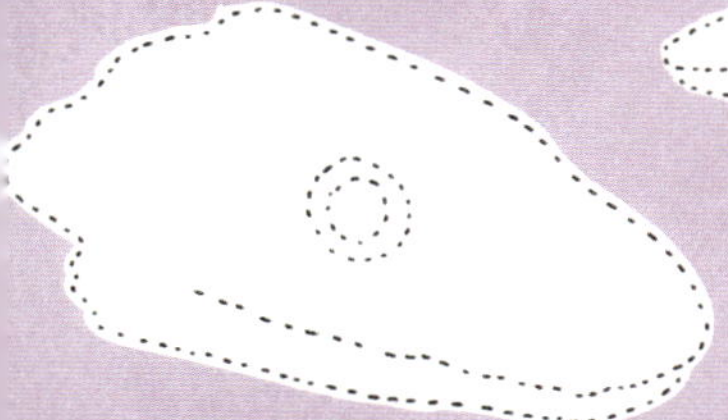

Le mamba noir

Ce n’est pas sa peau qui est noire, mais l’intérieur de sa bouche. Il vit en Afrique et il se nourrit d’autres animaux qu’il tue avec son venin.

L'orvet

C'est un lézard sans pattes !
Il vit beaucoup sous terre.
Il se nourrit de limaces, d'insectes et de vers de terre. Sa queue peut se couper pour lui permettre de s'échapper.

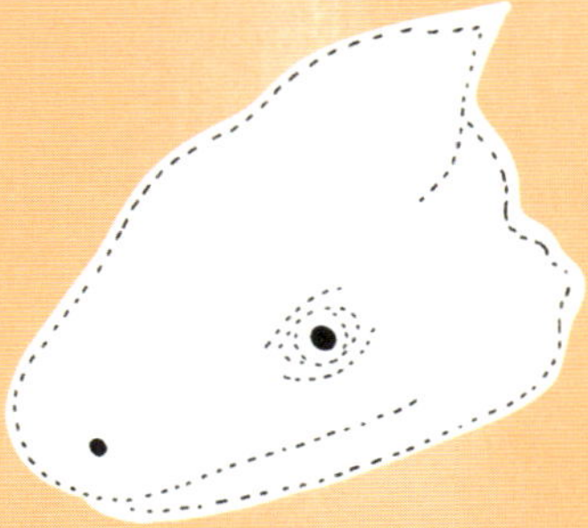

La couleuvre

Son venin, quand elle en a, n'est pas dangereux. Pour reconnaître une couleuvre, il faut regarder ses pupilles : elles sont rondes, tandis que celles des vipères sont droites.

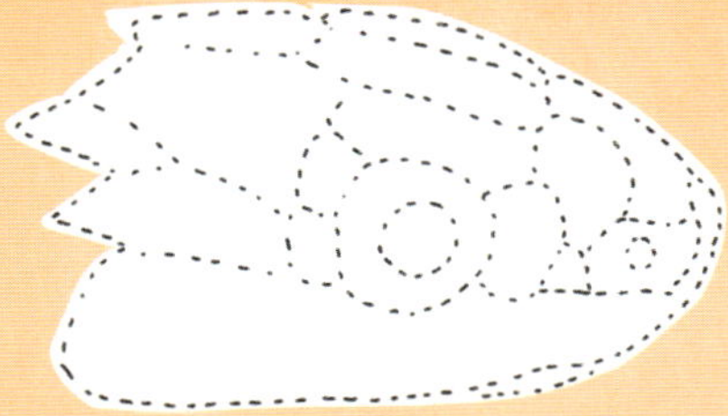

La vipère aspic

Elle vit dans les broussailles qui la dissimulent. Elle produit du venin et elle se nourrit de petits rongeurs (mulots, musaraignes, campagnols).

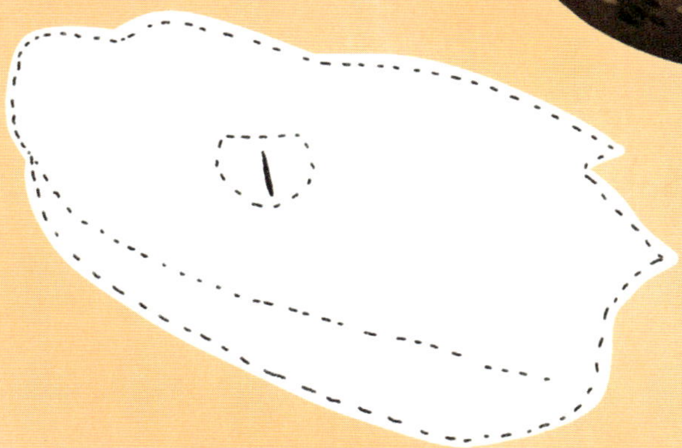

Les reptiles